GOAL GETTER

Goal Getter: A Productivity Journal

EMAIL US AT

modernscriptdesigns@gmail.com

TO GET FREE GOODIES!

Just title the email "Gimme The Goods!"

And we will send some extra surprises your way!

"Don't be fooled by the calendar. There are only as many days in the year as you make use of. One man gets only a week's value out of a year while another man gets a full year's value out of a week."

-CHARLES RICHARDS

DATE: ___ / ___ / 20___

TODAY'S #1 GOAL:

_____

TODAY'S TOP 3 TASKS:

1: _____ ☐

2: _____ ☐

3: _____ ☐

DAILY AFFIRMATION:

OTHER TO-DOS:

_____ ◯
_____ ◯
_____ ◯
_____ ◯
_____ ◯
_____ ◯
_____ ◯
_____ ◯
_____ ◯
_____ ◯
_____ ◯
_____ ◯
_____ ◯
_____ ◯

NOTES:

DATE: ___ / ___ / 20___

TODAY'S #1 GOAL:

_____

TODAY'S TOP 3 TASKS:

1: _____ ☐

2: _____ ☐

3: _____ ☐

DAILY AFFIRMATION:

OTHER TO-DOS:

_____ ○
_____ ○
_____ ○
_____ ○
_____ ○
_____ ○
_____ ○
_____ ○
_____ ○
_____ ○
_____ ○
_____ ○
_____ ○

NOTES:

DATE: ___ / ___ / 20___

TODAY'S #1 GOAL:

_____

TODAY'S TOP 3 TASKS:

1: _____ ☐

2: _____ ☐

3: _____ ☐

DAILY AFFIRMATION:

OTHER TO-DOS:

_____ ○
_____ ○
_____ ○
_____ ○
_____ ○
_____ ○
_____ ○
_____ ○
_____ ○
_____ ○
_____ ○
_____ ○
_____ ○

NOTES:

DATE: ___ / ___ / 20___

TODAY'S #1 GOAL:

_____

TODAY'S TOP 3 TASKS:

1: _____ ☐

2: _____ ☐

3: _____ ☐

DAILY AFFIRMATION:

OTHER TO-DOS:

_____ ○
_____ ○
_____ ○
_____ ○
_____ ○
_____ ○
_____ ○
_____ ○
_____ ○
_____ ○
_____ ○
_____ ○
_____ ○

NOTES:

DATE: ___ / ___ / 20___

TODAY'S #1 GOAL:

_____

TODAY'S TOP 3 TASKS:

1: _____ ☐

2: _____ ☐

3: _____ ☐

DAILY AFFIRMATION:

OTHER TO-DOS:

_____ ○
_____ ○
_____ ○
_____ ○
_____ ○
_____ ○
_____ ○
_____ ○
_____ ○
_____ ○
_____ ○
_____ ○
_____ ○
_____ ○

NOTES:

DATE: ___ / ___ / 20___

TODAY'S #1 GOAL:

_____

TODAY'S TOP 3 TASKS:

1: _____ ☐

2: _____ ☐

3: _____ ☐

DAILY AFFIRMATION:

OTHER TO-DOS:

_____ ○
_____ ○
_____ ○
_____ ○
_____ ○
_____ ○
_____ ○
_____ ○
_____ ○
_____ ○
_____ ○
_____ ○
_____ ○

NOTES:

DATE: ___ / ___ / 20___

TODAY'S #1 GOAL:

_____

TODAY'S TOP 3 TASKS:

1: _____ ☐

2: _____ ☐

3: _____ ☐

DAILY AFFIRMATION:

OTHER TO-DOS:

_____ ○
_____ ○
_____ ○
_____ ○
_____ ○
_____ ○
_____ ○
_____ ○
_____ ○
_____ ○
_____ ○
_____ ○
_____ ○

NOTES:

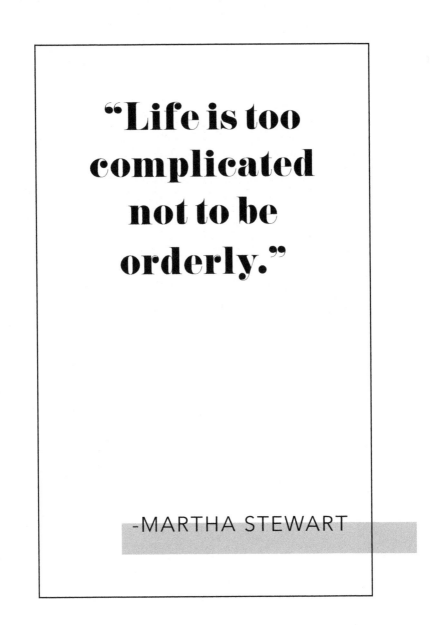

"Life is too complicated not to be orderly."

-MARTHA STEWART

DATE: ___ / ___ / 20___

TODAY'S #1 GOAL:

_____

TODAY'S TOP 3 TASKS:

1: _____ ☐

2: _____ ☐

3: _____ ☐

OTHER TO-DOS:

_____ ○
_____ ○
_____ ○
_____ ○
_____ ○
_____ ○
_____ ○
_____ ○
_____ ○
_____ ○
_____ ○
_____ ○
_____ ○
_____ ○

DAILY AFFIRMATION:

NOTES:

TODAY'S #1 GOAL:

_____

TODAY'S TOP 3 TASKS:

1: _____ ☐

2: _____ ☐

3: _____ ☐

OTHER TO-DOS:

_____ ○
_____ ○
_____ ○
_____ ○
_____ ○
_____ ○
_____ ○
_____ ○
_____ ○
_____ ○
_____ ○
_____ ○
_____ ○

DAILY AFFIRMATION:

NOTES:

DATE: ___ / ___ / 20___

TODAY'S #1 GOAL:

_____

TODAY'S TOP 3 TASKS:

1: _____ ☐

2: _____ ☐

3: _____ ☐

DAILY AFFIRMATION:

OTHER TO-DOS:

_____ ○
_____ ○
_____ ○
_____ ○
_____ ○
_____ ○
_____ ○
_____ ○
_____ ○
_____ ○
_____ ○
_____ ○
_____ ○
_____ ○

NOTES:

TODAY'S #1 GOAL:

_____

TODAY'S TOP 3 TASKS:

1: _____ ☐

2: _____ ☐

3: _____ ☐

DAILY AFFIRMATION:

OTHER TO-DOS:

_____ ○
_____ ○
_____ ○
_____ ○
_____ ○
_____ ○
_____ ○
_____ ○
_____ ○
_____ ○
_____ ○
_____ ○
_____ ○

NOTES:

DATE: ___ / ___ / 20___

TODAY'S #1 GOAL:

_____

TODAY'S TOP 3 TASKS:

1: _____ ☐

2: _____ ☐

3: _____ ☐

DAILY AFFIRMATION:

OTHER TO-DOS:

_____ ○
_____ ○
_____ ○
_____ ○
_____ ○
_____ ○
_____ ○
_____ ○
_____ ○
_____ ○
_____ ○
_____ ○
_____ ○

NOTES:

TODAY'S #1 GOAL:

_____

TODAY'S TOP 3 TASKS:

1: _____ ☐

2: _____ ☐

3: _____ ☐

DAILY AFFIRMATION:

OTHER TO-DOS:

_____ ○
_____ ○
_____ ○
_____ ○
_____ ○
_____ ○
_____ ○
_____ ○
_____ ○
_____ ○
_____ ○
_____ ○
_____ ○
_____ ○

NOTES:

DATE: ___ / ___ / 20___

TODAY'S #1 GOAL:

_____

TODAY'S TOP 3 TASKS:

1: _____ ☐

2: _____ ☐

3: _____ ☐

DAILY AFFIRMATION:

OTHER TO-DOS:

_____ ○
_____ ○
_____ ○
_____ ○
_____ ○
_____ ○
_____ ○
_____ ○
_____ ○
_____ ○
_____ ○
_____ ○
_____ ○

NOTES:

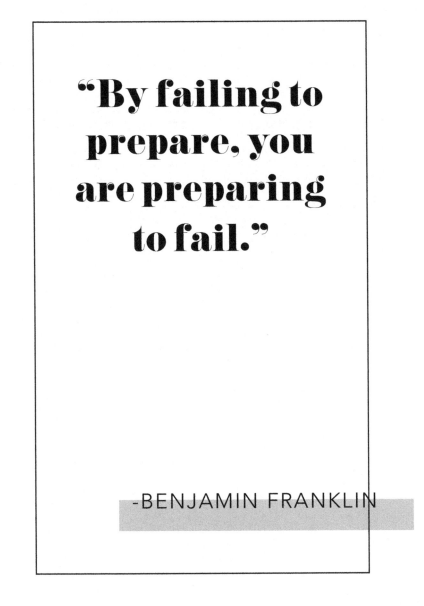

DATE: ___ / ___ / 20___

TODAY'S #1 GOAL:

_____

TODAY'S TOP 3 TASKS:

1: _____ ☐

2: _____ ☐

3: _____ ☐

DAILY AFFIRMATION:

OTHER TO-DOS:

_____ ○
_____ ○
_____ ○
_____ ○
_____ ○
_____ ○
_____ ○
_____ ○
_____ ○
_____ ○
_____ ○
_____ ○

NOTES:

TODAY'S #1 GOAL:

_____

TODAY'S TOP 3 TASKS:

1: _____ ☐

2: _____ ☐

3: _____ ☐

DAILY AFFIRMATION:

OTHER TO-DOS:

_____ ○
_____ ○
_____ ○
_____ ○
_____ ○
_____ ○
_____ ○
_____ ○
_____ ○
_____ ○
_____ ○
_____ ○
_____ ○
_____ ○

NOTES:

DATE: ___ / ___ / 20___

TODAY'S #1 GOAL:

_____

TODAY'S TOP 3 TASKS:

1: _____ ☐

2: _____ ☐

3: _____ ☐

DAILY AFFIRMATION:

OTHER TO-DOS:

_____ ◯
_____ ◯
_____ ◯
_____ ◯
_____ ◯
_____ ◯
_____ ◯
_____ ◯
_____ ◯
_____ ◯
_____ ◯
_____ ◯
_____ ◯
_____ ◯

NOTES:

DATE: ___ / ___ / 20___

TODAY'S #1 GOAL:

_____

TODAY'S TOP 3 TASKS:

1: _____ ☐

2: _____ ☐

3: _____ ☐

DAILY AFFIRMATION:

OTHER TO-DOS:

_____ ○
_____ ○
_____ ○
_____ ○
_____ ○
_____ ○
_____ ○
_____ ○
_____ ○
_____ ○
_____ ○
_____ ○
_____ ○
_____ ○

NOTES:

DATE: ___ / ___ / 20___

TODAY'S #1 GOAL:

_____

TODAY'S TOP 3 TASKS:

1: _____ ☐

2: _____ ☐

3: _____ ☐

DAILY AFFIRMATION:

OTHER TO-DOS:

_____ ○
_____ ○
_____ ○
_____ ○
_____ ○
_____ ○
_____ ○
_____ ○
_____ ○
_____ ○
_____ ○
_____ ○
_____ ○

NOTES:

DATE: ___ / ___ / 20___

TODAY'S #1 GOAL:
_____

TODAY'S TOP 3 TASKS:

1: _____ ☐

2: _____ ☐

3: _____ ☐

DAILY AFFIRMATION:

OTHER TO-DOS:

_____ ○
_____ ○
_____ ○
_____ ○
_____ ○
_____ ○
_____ ○
_____ ○
_____ ○
_____ ○
_____ ○
_____ ○
_____ ○

NOTES:

DATE: ___ / ___ / 20___

TODAY'S #1 GOAL:
_____

TODAY'S TOP 3 TASKS:

1: _____ ☐

2: _____ ☐

3: _____ ☐

DAILY AFFIRMATION:

OTHER TO-DOS:

_____ ○
_____ ○
_____ ○
_____ ○
_____ ○
_____ ○
_____ ○
_____ ○
_____ ○
_____ ○
_____ ○
_____ ○
_____ ○
_____ ○

NOTES:

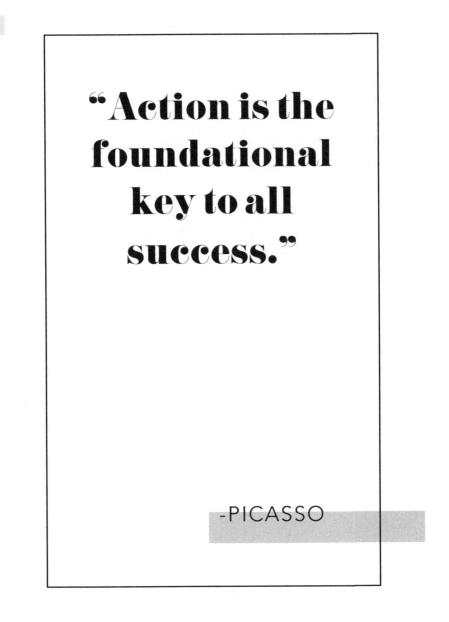

"Action is the foundational key to all success."

-PICASSO

DATE: ___ / ___ / 20___

TODAY'S #1 GOAL:

_____

TODAY'S TOP 3 TASKS:

1: _____ ☐

2: _____ ☐

3: _____ ☐

DAILY AFFIRMATION:

OTHER TO-DOS:

_____ ○
_____ ○
_____ ○
_____ ○
_____ ○
_____ ○
_____ ○
_____ ○
_____ ○
_____ ○
_____ ○
_____ ○
_____ ○

NOTES:

DATE: ___ / ___ / 20___

TODAY'S #1 GOAL:

_____

TODAY'S TOP 3 TASKS:

1: _____ ☐

2: _____ ☐

3: _____ ☐

DAILY AFFIRMATION:

OTHER TO-DOS:

_____ ○
_____ ○
_____ ○
_____ ○
_____ ○
_____ ○
_____ ○
_____ ○
_____ ○
_____ ○
_____ ○
_____ ○
_____ ○

NOTES:

DATE: ___ / ___ / 20___

TODAY'S #1 GOAL:

_____

TODAY'S TOP 3 TASKS:

1: _____ ☐

2: _____ ☐

3: _____ ☐

OTHER TO-DOS:

_____ ○
_____ ○
_____ ○
_____ ○
_____ ○
_____ ○
_____ ○
_____ ○
_____ ○
_____ ○
_____ ○
_____ ○
_____ ○
_____ ○

DAILY AFFIRMATION:

NOTES:

DATE: ___ / ___ / 20___

TODAY'S #1 GOAL:

_____

TODAY'S TOP 3 TASKS:

1: _____ ☐

2: _____ ☐

3: _____ ☐

DAILY AFFIRMATION:

OTHER TO-DOS:

_____ ○
_____ ○
_____ ○
_____ ○
_____ ○
_____ ○
_____ ○
_____ ○
_____ ○
_____ ○
_____ ○
_____ ○
_____ ○

NOTES:

DATE: ___ / ___ / 20___

TODAY'S #1 GOAL:

_____

TODAY'S TOP 3 TASKS:

1: _____ ☐

2: _____ ☐

3: _____ ☐

DAILY AFFIRMATION:

OTHER TO-DOS:

_____ ○
_____ ○
_____ ○
_____ ○
_____ ○
_____ ○
_____ ○
_____ ○
_____ ○
_____ ○
_____ ○
_____ ○
_____ ○
_____ ○

NOTES:

TODAY'S #1 GOAL:

_____

TODAY'S TOP 3 TASKS:

1: _____ ☐

2: _____ ☐

3: _____ ☐

DAILY AFFIRMATION:

OTHER TO-DOS:

_____ ○
_____ ○
_____ ○
_____ ○
_____ ○
_____ ○
_____ ○
_____ ○
_____ ○
_____ ○
_____ ○
_____ ○
_____ ○

NOTES:

DATE: ___ / ___ / 20___

TODAY'S #1 GOAL:

_____

TODAY'S TOP 3 TASKS:

1:_____ ☐

2:_____ ☐

3:_____ ☐

DAILY AFFIRMATION:

OTHER TO-DOS:

_____ ○
_____ ○
_____ ○
_____ ○
_____ ○
_____ ○
_____ ○
_____ ○
_____ ○
_____ ○
_____ ○
_____ ○
_____ ○
_____ ○

NOTES:

"Start by
starting.

-MERYL STREEP

DATE: ___ / ___ / 20___

TODAY'S #1 GOAL:

_____

TODAY'S TOP 3 TASKS:

1: _____ ☐

2: _____ ☐

3: _____ ☐

DAILY AFFIRMATION:

OTHER TO-DOS:

_____ ○
_____ ○
_____ ○
_____ ○
_____ ○
_____ ○
_____ ○
_____ ○
_____ ○
_____ ○
_____ ○
_____ ○
_____ ○

NOTES:

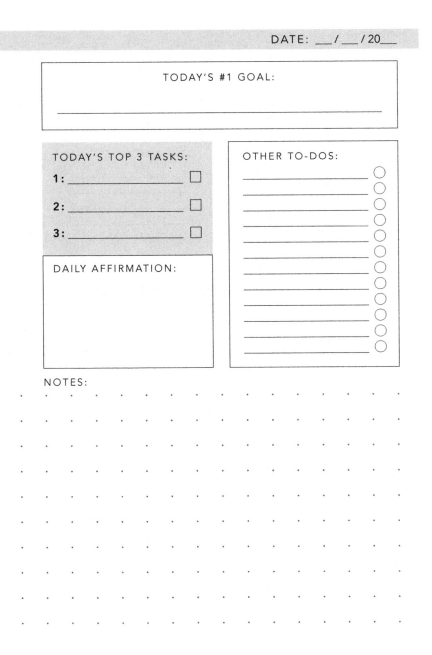

DATE: ___ / ___ / 20___

TODAY'S #1 GOAL:

_____

TODAY'S TOP 3 TASKS:

1: _____ ☐

2: _____ ☐

3: _____ ☐

DAILY AFFIRMATION:

OTHER TO-DOS:

_____ ◯
_____ ◯
_____ ◯
_____ ◯
_____ ◯
_____ ◯
_____ ◯
_____ ◯
_____ ◯
_____ ◯
_____ ◯
_____ ◯
_____ ◯

NOTES:

DATE: ___ / ___ / 20___

TODAY'S #1 GOAL:

_____

TODAY'S TOP 3 TASKS:

1: _____ ☐

2: _____ ☐

3: _____ ☐

DAILY AFFIRMATION:

OTHER TO-DOS:

_____ ○
_____ ○
_____ ○
_____ ○
_____ ○
_____ ○
_____ ○
_____ ○
_____ ○
_____ ○
_____ ○
_____ ○
_____ ○
_____ ○

NOTES:

DATE: ___ / ___ / 20___

TODAY'S #1 GOAL:

_____

TODAY'S TOP 3 TASKS:

1: _____ ☐

2: _____ ☐

3: _____ ☐

DAILY AFFIRMATION:

OTHER TO-DOS:

_____ ○
_____ ○
_____ ○
_____ ○
_____ ○
_____ ○
_____ ○
_____ ○
_____ ○
_____ ○
_____ ○
_____ ○
_____ ○
_____ ○

NOTES:

DATE: ___ / ___ / 20___

TODAY'S #1 GOAL:

_____

TODAY'S TOP 3 TASKS:

1: _____ ☐

2: _____ ☐

3: _____ ☐

DAILY AFFIRMATION:

OTHER TO-DOS:

_____ ○
_____ ○
_____ ○
_____ ○
_____ ○
_____ ○
_____ ○
_____ ○
_____ ○
_____ ○
_____ ○
_____ ○
_____ ○

NOTES:

TODAY'S #1 GOAL:

_____

TODAY'S TOP 3 TASKS:

1: _____ ☐

2: _____ ☐

3: _____ ☐

OTHER TO-DOS:

_____ ◯
_____ ◯
_____ ◯
_____ ◯
_____ ◯
_____ ◯
_____ ◯
_____ ◯
_____ ◯
_____ ◯
_____ ◯
_____ ◯
_____ ◯

DAILY AFFIRMATION:

NOTES:

DATE: ___ / ___ / 20___

TODAY'S #1 GOAL:

_____

TODAY'S TOP 3 TASKS:

1: _____ ☐

2: _____ ☐

3: _____ ☐

DAILY AFFIRMATION:

OTHER TO-DOS:

_____ ◯
_____ ◯
_____ ◯
_____ ◯
_____ ◯
_____ ◯
_____ ◯
_____ ◯
_____ ◯
_____ ◯
_____ ◯
_____ ◯
_____ ◯

NOTES:

"Don't count the days, make the days count."

-MUHAMMED ALI

DATE: ___ / ___ / 20___

TODAY'S #1 GOAL:

_____

TODAY'S TOP 3 TASKS:

1: _____ ☐

2: _____ ☐

3: _____ ☐

DAILY AFFIRMATION:

OTHER TO-DOS:

- _____ ○
- _____ ○
- _____ ○
- _____ ○
- _____ ○
- _____ ○
- _____ ○
- _____ ○
- _____ ○
- _____ ○
- _____ ○
- _____ ○
- _____ ○
- _____ ○

NOTES:

TODAY'S #1 GOAL:

_____

TODAY'S TOP 3 TASKS:

1: _____ ☐

2: _____ ☐

3: _____ ☐

OTHER TO-DOS:

_____ ○
_____ ○
_____ ○
_____ ○
_____ ○
_____ ○
_____ ○
_____ ○
_____ ○
_____ ○
_____ ○
_____ ○
_____ ○
_____ ○

DAILY AFFIRMATION:

NOTES:

DATE: ___ / ___ / 20___

TODAY'S #1 GOAL:

_____

TODAY'S TOP 3 TASKS:

1: _____ ☐

2: _____ ☐

3: _____ ☐

DAILY AFFIRMATION:

OTHER TO-DOS:

_____ ○
_____ ○
_____ ○
_____ ○
_____ ○
_____ ○
_____ ○
_____ ○
_____ ○
_____ ○
_____ ○
_____ ○
_____ ○

NOTES:

TODAY'S #1 GOAL:

_____

TODAY'S TOP 3 TASKS:

1: _____ ☐

2: _____ ☐

3: _____ ☐

OTHER TO-DOS:

_____ ○
_____ ○
_____ ○
_____ ○
_____ ○
_____ ○
_____ ○
_____ ○
_____ ○
_____ ○
_____ ○
_____ ○
_____ ○

DAILY AFFIRMATION:

NOTES:

DATE: ___ / ___ / 20___

TODAY'S #1 GOAL:

_____

TODAY'S TOP 3 TASKS:

1: _____ ☐

2: _____ ☐

3: _____ ☐

OTHER TO-DOS:

_____ ○
_____ ○
_____ ○
_____ ○
_____ ○
_____ ○
_____ ○
_____ ○
_____ ○
_____ ○
_____ ○
_____ ○
_____ ○

DAILY AFFIRMATION:

NOTES:

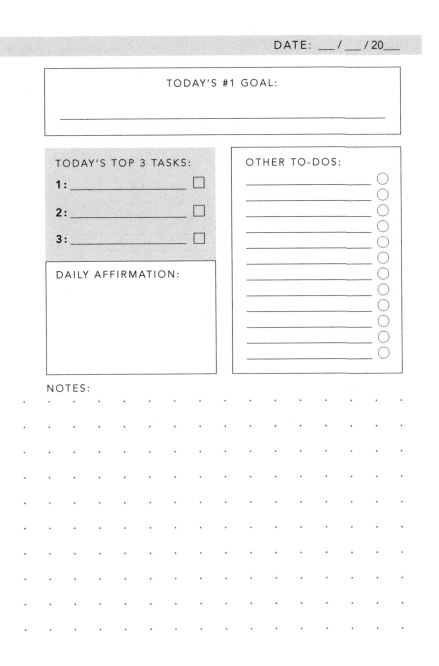

DATE: ___ / ___ / 20___

TODAY'S #1 GOAL:

_____

TODAY'S TOP 3 TASKS:

1: _____ ☐

2: _____ ☐

3: _____ ☐

DAILY AFFIRMATION:

OTHER TO-DOS:

_____ ◯
_____ ◯
_____ ◯
_____ ◯
_____ ◯
_____ ◯
_____ ◯
_____ ◯
_____ ◯
_____ ◯
_____ ◯
_____ ◯
_____ ◯

NOTES:

DATE: ___ / ___ / 20___

TODAY'S #1 GOAL:

_____

TODAY'S TOP 3 TASKS:

1: _____ ☐

2: _____ ☐

3: _____ ☐

DAILY AFFIRMATION:

OTHER TO-DOS:

_____ ◯
_____ ◯
_____ ◯
_____ ◯
_____ ◯
_____ ◯
_____ ◯
_____ ◯
_____ ◯
_____ ◯
_____ ◯
_____ ◯
_____ ◯

NOTES:

"The best preparation for tomorrow is doing your best today."

-H. JACKSON BROWN, JR.

DATE: ___ / ___ / 20___

TODAY'S #1 GOAL:

_____

TODAY'S TOP 3 TASKS:

1: _____ ☐

2: _____ ☐

3: _____ ☐

DAILY AFFIRMATION:

OTHER TO-DOS:

_____ ◯
_____ ◯
_____ ◯
_____ ◯
_____ ◯
_____ ◯
_____ ◯
_____ ◯
_____ ◯
_____ ◯
_____ ◯
_____ ◯
_____ ◯

NOTES:

TODAY'S #1 GOAL:

_____

TODAY'S TOP 3 TASKS:

1: _____ ☐

2: _____ ☐

3: _____ ☐

DAILY AFFIRMATION:

OTHER TO-DOS:

_____ ○
_____ ○
_____ ○
_____ ○
_____ ○
_____ ○
_____ ○
_____ ○
_____ ○
_____ ○
_____ ○
_____ ○
_____ ○

NOTES:

DATE: ___ / ___ / 20___

TODAY'S #1 GOAL:

_____

TODAY'S TOP 3 TASKS:

1: _____ ☐

2: _____ ☐

3: _____ ☐

DAILY AFFIRMATION:

OTHER TO-DOS:

_____ ○
_____ ○
_____ ○
_____ ○
_____ ○
_____ ○
_____ ○
_____ ○
_____ ○
_____ ○
_____ ○
_____ ○
_____ ○

NOTES:

TODAY'S #1 GOAL:

_____

TODAY'S TOP 3 TASKS:

1: _____ ☐

2: _____ ☐

3: _____ ☐

DAILY AFFIRMATION:

OTHER TO-DOS:

_____ ○
_____ ○
_____ ○
_____ ○
_____ ○
_____ ○
_____ ○
_____ ○
_____ ○
_____ ○
_____ ○
_____ ○

NOTES:

DATE: ___ / ___ / 20___

TODAY'S #1 GOAL:

_____

TODAY'S TOP 3 TASKS:

1: _____ ☐

2: _____ ☐

3: _____ ☐

DAILY AFFIRMATION:

OTHER TO-DOS:

_____ ○
_____ ○
_____ ○
_____ ○
_____ ○
_____ ○
_____ ○
_____ ○
_____ ○
_____ ○
_____ ○
_____ ○
_____ ○

NOTES:

DATE: ___ / ___ / 20___

TODAY'S #1 GOAL:

_____

TODAY'S TOP 3 TASKS:

1: _____ ☐

2: _____ ☐

3: _____ ☐

DAILY AFFIRMATION:

OTHER TO-DOS:

_____ ○
_____ ○
_____ ○
_____ ○
_____ ○
_____ ○
_____ ○
_____ ○
_____ ○
_____ ○
_____ ○
_____ ○
_____ ○

NOTES:

DATE: ___ / ___ / 20___

TODAY'S #1 GOAL:

_____

TODAY'S TOP 3 TASKS:

1: _____ ☐

2: _____ ☐

3: _____ ☐

OTHER TO-DOS:

_____ ○
_____ ○
_____ ○
_____ ○
_____ ○
_____ ○
_____ ○
_____ ○
_____ ○
_____ ○
_____ ○
_____ ○
_____ ○
_____ ○

DAILY AFFIRMATION:

NOTES:

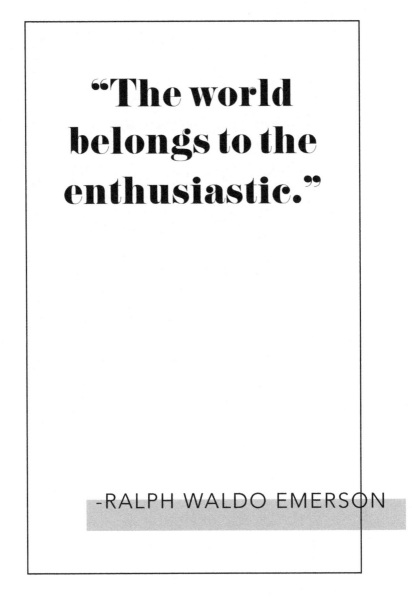

"The world belongs to the enthusiastic."

-RALPH WALDO EMERSON

DATE: ___ / ___ / 20___

TODAY'S #1 GOAL:

_____

TODAY'S TOP 3 TASKS:

1: _____ ☐

2: _____ ☐

3: _____ ☐

DAILY AFFIRMATION:

OTHER TO-DOS:

_____ ○
_____ ○
_____ ○
_____ ○
_____ ○
_____ ○
_____ ○
_____ ○
_____ ○
_____ ○
_____ ○
_____ ○
_____ ○
_____ ○

NOTES:

DATE: ___ / ___ / 20___

TODAY'S #1 GOAL:

_____

TODAY'S TOP 3 TASKS:

1: _____ ☐

2: _____ ☐

3: _____ ☐

DAILY AFFIRMATION:

OTHER TO-DOS:

_____ ○
_____ ○
_____ ○
_____ ○
_____ ○
_____ ○
_____ ○
_____ ○
_____ ○
_____ ○
_____ ○
_____ ○
_____ ○

NOTES:

DATE: ___ / ___ / 20___

TODAY'S #1 GOAL:

_____

TODAY'S TOP 3 TASKS:

1: _____ ☐

2: _____ ☐

3: _____ ☐

DAILY AFFIRMATION:

OTHER TO-DOS:

_____ ○
_____ ○
_____ ○
_____ ○
_____ ○
_____ ○
_____ ○
_____ ○
_____ ○
_____ ○
_____ ○
_____ ○
_____ ○

NOTES:

TODAY'S #1 GOAL:

_____

TODAY'S TOP 3 TASKS:

1: _____ ☐

2: _____ ☐

3: _____ ☐

DAILY AFFIRMATION:

OTHER TO-DOS:

_____ ○
_____ ○
_____ ○
_____ ○
_____ ○
_____ ○
_____ ○
_____ ○
_____ ○
_____ ○
_____ ○
_____ ○
_____ ○
_____ ○

NOTES:

DATE: ___ / ___ / 20___

TODAY'S #1 GOAL:

_____

TODAY'S TOP 3 TASKS:

1: _____ ☐

2: _____ ☐

3: _____ ☐

DAILY AFFIRMATION:

OTHER TO-DOS:

_____ ◯
_____ ◯
_____ ◯
_____ ◯
_____ ◯
_____ ◯
_____ ◯
_____ ◯
_____ ◯
_____ ◯
_____ ◯
_____ ◯
_____ ◯

NOTES:

TODAY'S #1 GOAL:

_____

TODAY'S TOP 3 TASKS:

1: _____ ☐

2: _____ ☐

3: _____ ☐

DAILY AFFIRMATION:

OTHER TO-DOS:

_____ ○
_____ ○
_____ ○
_____ ○
_____ ○
_____ ○
_____ ○
_____ ○
_____ ○
_____ ○
_____ ○
_____ ○
_____ ○

NOTES:

DATE: ___ / ___ / 20___

TODAY'S #1 GOAL:

_____

TODAY'S TOP 3 TASKS:

1: _____ ☐

2: _____ ☐

3: _____ ☐

DAILY AFFIRMATION:

OTHER TO-DOS:

_____ ○
_____ ○
_____ ○
_____ ○
_____ ○
_____ ○
_____ ○
_____ ○
_____ ○
_____ ○
_____ ○
_____ ○
_____ ○

NOTES:

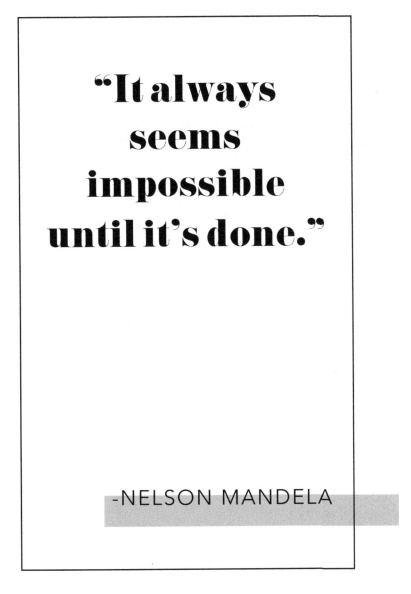

"It always seems impossible until it's done."

-NELSON MANDELA

TODAY'S #1 GOAL:

_____

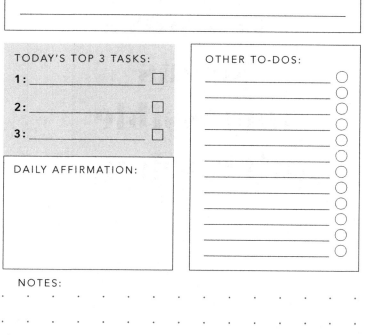

TODAY'S TOP 3 TASKS:

1: _____ ☐

2: _____ ☐

3: _____ ☐

DAILY AFFIRMATION:

OTHER TO-DOS:

_____ ◯
_____ ◯
_____ ◯
_____ ◯
_____ ◯
_____ ◯
_____ ◯
_____ ◯
_____ ◯
_____ ◯
_____ ◯
_____ ◯
_____ ◯

NOTES:

DATE: ___ / ___ / 20___

TODAY'S #1 GOAL:

_____

TODAY'S TOP 3 TASKS:

1: _____ ☐

2: _____ ☐

3: _____ ☐

DAILY AFFIRMATION:

OTHER TO-DOS:

_____ ○
_____ ○
_____ ○
_____ ○
_____ ○
_____ ○
_____ ○
_____ ○
_____ ○
_____ ○
_____ ○
_____ ○
_____ ○

NOTES:

DATE: __ / __ / 20__

TODAY'S #1 GOAL:

_____

TODAY'S TOP 3 TASKS:

1: _____ ☐

2: _____ ☐

3: _____ ☐

DAILY AFFIRMATION:

OTHER TO-DOS:

_____ ○
_____ ○
_____ ○
_____ ○
_____ ○
_____ ○
_____ ○
_____ ○
_____ ○
_____ ○
_____ ○
_____ ○
_____ ○

NOTES:

DATE: ___ / ___ / 20___

TODAY'S #1 GOAL:

_____

TODAY'S TOP 3 TASKS:

1: _____ ☐

2: _____ ☐

3: _____ ☐

DAILY AFFIRMATION:

OTHER TO-DOS:

_____ ◯
_____ ◯
_____ ◯
_____ ◯
_____ ◯
_____ ◯
_____ ◯
_____ ◯
_____ ◯
_____ ◯
_____ ◯
_____ ◯
_____ ◯

NOTES:

DATE: ___ / ___ / 20___

TODAY'S #1 GOAL:

_____

TODAY'S TOP 3 TASKS:

1:_____ ☐

2:_____ ☐

3:_____ ☐

DAILY AFFIRMATION:

OTHER TO-DOS:

_____ ○
_____ ○
_____ ○
_____ ○
_____ ○
_____ ○
_____ ○
_____ ○
_____ ○
_____ ○
_____ ○
_____ ○
_____ ○
_____ ○

NOTES:

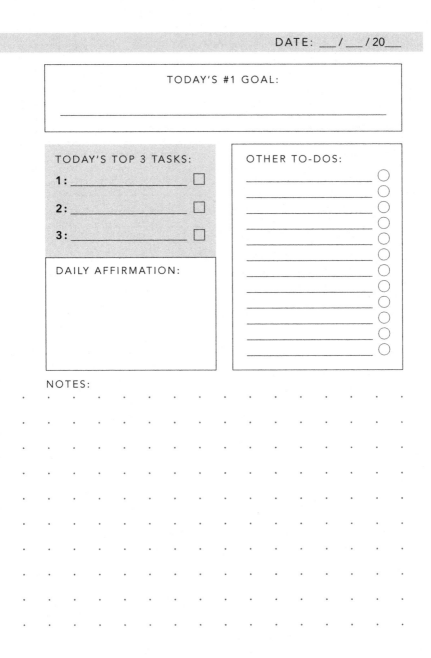

DATE: ___ / ___ / 20___

TODAY'S #1 GOAL:

_____

TODAY'S TOP 3 TASKS:

1: _____ ☐

2: _____ ☐

3: _____ ☐

DAILY AFFIRMATION:

OTHER TO-DOS:

_____ ○
_____ ○
_____ ○
_____ ○
_____ ○
_____ ○
_____ ○
_____ ○
_____ ○
_____ ○
_____ ○
_____ ○
_____ ○

NOTES:

DATE: ___ / ___ / 20___

TODAY'S #1 GOAL:

_____

TODAY'S TOP 3 TASKS:

1: _____ ☐

2: _____ ☐

3: _____ ☐

DAILY AFFIRMATION:

OTHER TO-DOS:

_____ ◯
_____ ◯
_____ ◯
_____ ◯
_____ ◯
_____ ◯
_____ ◯
_____ ◯
_____ ◯
_____ ◯
_____ ◯
_____ ◯
_____ ◯

NOTES:

"The secret of getting ahead is getting started."

-MARK TWAIN

DATE: ___ / ___ / 20___

TODAY'S #1 GOAL:

_____

TODAY'S TOP 3 TASKS:

1: _____ ☐

2: _____ ☐

3: _____ ☐

DAILY AFFIRMATION:

OTHER TO-DOS:

_____ ○
_____ ○
_____ ○
_____ ○
_____ ○
_____ ○
_____ ○
_____ ○
_____ ○
_____ ○
_____ ○
_____ ○

NOTES:

TODAY'S #1 GOAL:

_____

TODAY'S TOP 3 TASKS:

1: _____ ☐

2: _____ ☐

3: _____ ☐

DAILY AFFIRMATION:

OTHER TO-DOS:

_____ ○
_____ ○
_____ ○
_____ ○
_____ ○
_____ ○
_____ ○
_____ ○
_____ ○
_____ ○
_____ ○
_____ ○
_____ ○

NOTES:

DATE: ___ / ___ / 20___

TODAY'S #1 GOAL:

_____

TODAY'S TOP 3 TASKS:

1: _____ ☐

2: _____ ☐

3: _____ ☐

DAILY AFFIRMATION:

OTHER TO-DOS:

_____ ○
_____ ○
_____ ○
_____ ○
_____ ○
_____ ○
_____ ○
_____ ○
_____ ○
_____ ○
_____ ○
_____ ○
_____ ○

NOTES:

TODAY'S #1 GOAL:

_____

TODAY'S TOP 3 TASKS:

1: _____ ☐

2: _____ ☐

3: _____ ☐

DAILY AFFIRMATION:

OTHER TO-DOS:

_____ ○
_____ ○
_____ ○
_____ ○
_____ ○
_____ ○
_____ ○
_____ ○
_____ ○
_____ ○
_____ ○
_____ ○
_____ ○

NOTES:

DATE: __ / __ / 20__

TODAY'S #1 GOAL:
_____

TODAY'S TOP 3 TASKS:

1: _____ ☐

2: _____ ☐

3: _____ ☐

DAILY AFFIRMATION:

OTHER TO-DOS:

_____ ○
_____ ○
_____ ○
_____ ○
_____ ○
_____ ○
_____ ○
_____ ○
_____ ○
_____ ○
_____ ○
_____ ○
_____ ○
_____ ○

NOTES:

DATE: ___ / ___ / 20___

TODAY'S #1 GOAL:

_____

TODAY'S TOP 3 TASKS:

1: _____ ☐

2: _____ ☐

3: _____ ☐

DAILY AFFIRMATION:

OTHER TO-DOS:

_____ ○
_____ ○
_____ ○
_____ ○
_____ ○
_____ ○
_____ ○
_____ ○
_____ ○
_____ ○
_____ ○
_____ ○
_____ ○
_____ ○

NOTES:

DATE: ___ / ___ / 20___

TODAY'S #1 GOAL:

_____

TODAY'S TOP 3 TASKS:

1: _____ ☐

2: _____ ☐

3: _____ ☐

DAILY AFFIRMATION:

OTHER TO-DOS:

_____ ○
_____ ○
_____ ○
_____ ○
_____ ○
_____ ○
_____ ○
_____ ○
_____ ○
_____ ○
_____ ○
_____ ○
_____ ○

NOTES:

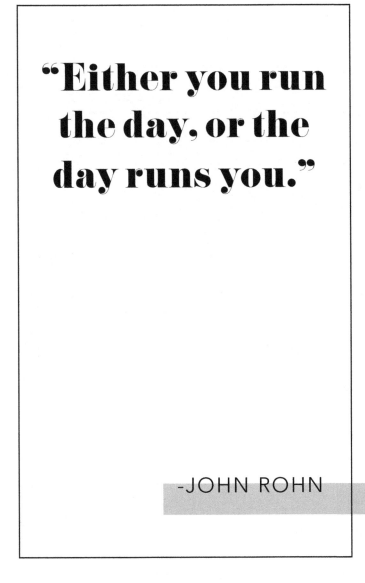

"Either you run the day, or the day runs you."

-JOHN ROHN

DATE: ___ / ___ / 20___

TODAY'S #1 GOAL:

_____

TODAY'S TOP 3 TASKS:

1: _____ ☐

2: _____ ☐

3: _____ ☐

DAILY AFFIRMATION:

OTHER TO-DOS:

_____ ○
_____ ○
_____ ○
_____ ○
_____ ○
_____ ○
_____ ○
_____ ○
_____ ○
_____ ○
_____ ○
_____ ○
_____ ○

NOTES:

TODAY'S #1 GOAL:

_____

TODAY'S TOP 3 TASKS:

1: _____ ☐

2: _____ ☐

3: _____ ☐

DAILY AFFIRMATION:

OTHER TO-DOS:

_____ ○
_____ ○
_____ ○
_____ ○
_____ ○
_____ ○
_____ ○
_____ ○
_____ ○
_____ ○
_____ ○
_____ ○
_____ ○
_____ ○

NOTES:

DATE: ___ / ___ / 20___

TODAY'S #1 GOAL:
_____

TODAY'S TOP 3 TASKS:

1: _____ ☐

2: _____ ☐

3: _____ ☐

DAILY AFFIRMATION:

OTHER TO-DOS:

_____ ○
_____ ○
_____ ○
_____ ○
_____ ○
_____ ○
_____ ○
_____ ○
_____ ○
_____ ○
_____ ○
_____ ○
_____ ○

NOTES:

TODAY'S #1 GOAL:

_____

TODAY'S TOP 3 TASKS:

1: _____ ☐

2: _____ ☐

3: _____ ☐

DAILY AFFIRMATION:

OTHER TO-DOS:

_____ ○
_____ ○
_____ ○
_____ ○
_____ ○
_____ ○
_____ ○
_____ ○
_____ ○
_____ ○
_____ ○
_____ ○
_____ ○

NOTES:

DATE: ___ / ___ / 20___

TODAY'S #1 GOAL:

_____

TODAY'S TOP 3 TASKS:

1: _____ ☐

2: _____ ☐

3: _____ ☐

DAILY AFFIRMATION:

OTHER TO-DOS:

_____ ○
_____ ○
_____ ○
_____ ○
_____ ○
_____ ○
_____ ○
_____ ○
_____ ○
_____ ○
_____ ○
_____ ○
_____ ○

NOTES:

TODAY'S #1 GOAL:

_____

TODAY'S TOP 3 TASKS:

1: _____ ☐

2: _____ ☐

3: _____ ☐

DAILY AFFIRMATION:

OTHER TO-DOS:

_____ ○
_____ ○
_____ ○
_____ ○
_____ ○
_____ ○
_____ ○
_____ ○
_____ ○
_____ ○
_____ ○
_____ ○
_____ ○

NOTES:

DATE: ___ / ___ / 20___

TODAY'S #1 GOAL:

_____

TODAY'S TOP 3 TASKS:

1: _____ ☐

2: _____ ☐

3: _____ ☐

DAILY AFFIRMATION:

OTHER TO-DOS:

_____ ○
_____ ○
_____ ○
_____ ○
_____ ○
_____ ○
_____ ○
_____ ○
_____ ○
_____ ○
_____ ○
_____ ○
_____ ○

NOTES:

"Whether you think you can or you think you can't, you're right."

-HENRY FORD

DATE: ___ / ___ / 20___

TODAY'S #1 GOAL:

_____

TODAY'S TOP 3 TASKS:

1: _____ ☐

2: _____ ☐

3: _____ ☐

DAILY AFFIRMATION:

OTHER TO-DOS:

_____ ○
_____ ○
_____ ○
_____ ○
_____ ○
_____ ○
_____ ○
_____ ○
_____ ○
_____ ○
_____ ○
_____ ○
_____ ○
_____ ○

NOTES:

DATE: ___ / ___ / 20___

TODAY'S #1 GOAL:

_____

TODAY'S TOP 3 TASKS:

1: _____ ☐

2: _____ ☐

3: _____ ☐

DAILY AFFIRMATION:

OTHER TO-DOS:

_____ ○
_____ ○
_____ ○
_____ ○
_____ ○
_____ ○
_____ ○
_____ ○
_____ ○
_____ ○
_____ ○
_____ ○
_____ ○

NOTES:

DATE: ___ / ___ / 20___

TODAY'S #1 GOAL:

_____

TODAY'S TOP 3 TASKS:

1: _____ ☐

2: _____ ☐

3: _____ ☐

DAILY AFFIRMATION:

OTHER TO-DOS:

_____ ○
_____ ○
_____ ○
_____ ○
_____ ○
_____ ○
_____ ○
_____ ○
_____ ○
_____ ○
_____ ○
_____ ○
_____ ○

NOTES:

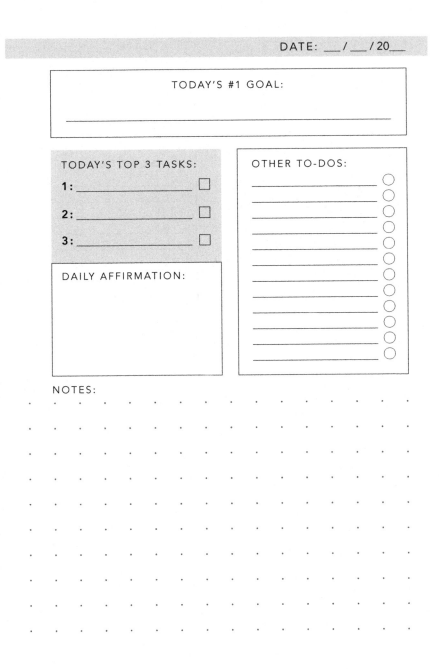

DATE: __ / __ / 20__

TODAY'S #1 GOAL:

_____

TODAY'S TOP 3 TASKS:

1: _____ ☐

2: _____ ☐

3: _____ ☐

DAILY AFFIRMATION:

OTHER TO-DOS:

_____ ○
_____ ○
_____ ○
_____ ○
_____ ○
_____ ○
_____ ○
_____ ○
_____ ○
_____ ○
_____ ○
_____ ○
_____ ○

NOTES:

DATE: ___ / ___ / 20___

TODAY'S #1 GOAL:

_____

TODAY'S TOP 3 TASKS:

1: _____ ☐

2: _____ ☐

3: _____ ☐

DAILY AFFIRMATION:

OTHER TO-DOS:

_____ ◯
_____ ◯
_____ ◯
_____ ◯
_____ ◯
_____ ◯
_____ ◯
_____ ◯
_____ ◯
_____ ◯
_____ ◯
_____ ◯
_____ ◯

NOTES:

TODAY'S #1 GOAL:

_____

TODAY'S TOP 3 TASKS:

1: _____ ☐

2: _____ ☐

3: _____ ☐

DAILY AFFIRMATION:

OTHER TO-DOS:

_____ ◯
_____ ◯
_____ ◯
_____ ◯
_____ ◯
_____ ◯
_____ ◯
_____ ◯
_____ ◯
_____ ◯
_____ ◯
_____ ◯
_____ ◯

NOTES:

DATE: ___ / ___ / 20___

TODAY'S #1 GOAL:

_____

TODAY'S TOP 3 TASKS:

1: _____ ☐

2: _____ ☐

3: _____ ☐

DAILY AFFIRMATION:

OTHER TO-DOS:

_____ ○
_____ ○
_____ ○
_____ ○
_____ ○
_____ ○
_____ ○
_____ ○
_____ ○
_____ ○
_____ ○
_____ ○
_____ ○

NOTES:

"**Build your own dreams, or someone else will hire you to build theirs.** "

-FARRAH GRAY

DATE: ___ / ___ / 20___

TODAY'S #1 GOAL:

_____

TODAY'S TOP 3 TASKS:

1: _____ ☐

2: _____ ☐

3: _____ ☐

DAILY AFFIRMATION:

OTHER TO-DOS:

_____ ◯
_____ ◯
_____ ◯
_____ ◯
_____ ◯
_____ ◯
_____ ◯
_____ ◯
_____ ◯
_____ ◯
_____ ◯
_____ ◯
_____ ◯
_____ ◯

NOTES:

DATE: ___ / ___ / 20___

TODAY'S #1 GOAL:

_____

TODAY'S TOP 3 TASKS:

1: _____ ☐

2: _____ ☐

3: _____ ☐

DAILY AFFIRMATION:

OTHER TO-DOS:

_____ ○
_____ ○
_____ ○
_____ ○
_____ ○
_____ ○
_____ ○
_____ ○
_____ ○
_____ ○
_____ ○
_____ ○
_____ ○

NOTES:

DATE: ___ / ___ / 20___

TODAY'S #1 GOAL:

_____

TODAY'S TOP 3 TASKS:

1: _____ ☐

2: _____ ☐

3: _____ ☐

DAILY AFFIRMATION:

OTHER TO-DOS:

_____ ○
_____ ○
_____ ○
_____ ○
_____ ○
_____ ○
_____ ○
_____ ○
_____ ○
_____ ○
_____ ○
_____ ○

NOTES:

TODAY'S #1 GOAL:

_____

TODAY'S TOP 3 TASKS:

1: _____ ☐

2: _____ ☐

3: _____ ☐

DAILY AFFIRMATION:

OTHER TO-DOS:

_____ ◯
_____ ◯
_____ ◯
_____ ◯
_____ ◯
_____ ◯
_____ ◯
_____ ◯
_____ ◯
_____ ◯
_____ ◯
_____ ◯
_____ ◯

NOTES:

DATE: ___ / ___ / 20___

TODAY'S #1 GOAL:

_____

TODAY'S TOP 3 TASKS:

1: _____ ☐

2: _____ ☐

3: _____ ☐

DAILY AFFIRMATION:

OTHER TO-DOS:

_____ ○
_____ ○
_____ ○
_____ ○
_____ ○
_____ ○
_____ ○
_____ ○
_____ ○
_____ ○
_____ ○
_____ ○
_____ ○

NOTES:

DATE: __ / __ / 20__

TODAY'S #1 GOAL:

_____

TODAY'S TOP 3 TASKS:

1: _____ ☐

2: _____ ☐

3: _____ ☐

DAILY AFFIRMATION:

OTHER TO-DOS:

_____ ○
_____ ○
_____ ○
_____ ○
_____ ○
_____ ○
_____ ○
_____ ○
_____ ○
_____ ○
_____ ○
_____ ○
_____ ○

NOTES:

DATE: __ / __ / 20___

TODAY'S #1 GOAL:

_____

TODAY'S TOP 3 TASKS:

1: _____ ☐

2: _____ ☐

3: _____ ☐

DAILY AFFIRMATION:

OTHER TO-DOS:

_____ ○
_____ ○
_____ ○
_____ ○
_____ ○
_____ ○
_____ ○
_____ ○
_____ ○
_____ ○
_____ ○
_____ ○
_____ ○

NOTES:

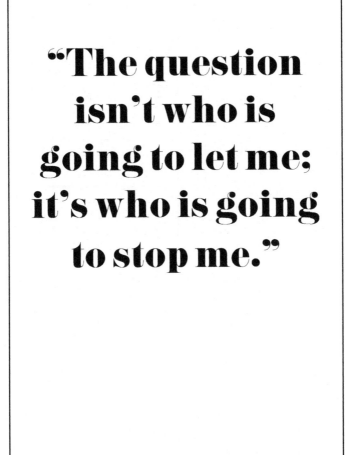

"The question isn't who is going to let me; it's who is going to stop me."

-AYN RAND

DATE: ___ / ___ / 20___

TODAY'S #1 GOAL:

_____

TODAY'S TOP 3 TASKS:

1: _____ ☐

2: _____ ☐

3: _____ ☐

DAILY AFFIRMATION:

OTHER TO-DOS:

_____ ◯
_____ ◯
_____ ◯
_____ ◯
_____ ◯
_____ ◯
_____ ◯
_____ ◯
_____ ◯
_____ ◯
_____ ◯
_____ ◯
_____ ◯

NOTES:

DATE: ___ / ___ / 20___

TODAY'S #1 GOAL:

_____

TODAY'S TOP 3 TASKS:

1:_____ ☐

2:_____ ☐

3:_____ ☐

DAILY AFFIRMATION:

OTHER TO-DOS:

_____ ○
_____ ○
_____ ○
_____ ○
_____ ○
_____ ○
_____ ○
_____ ○
_____ ○
_____ ○
_____ ○
_____ ○
_____ ○

NOTES:

DATE: ___ / ___ / 20___

TODAY'S #1 GOAL:

_____

TODAY'S TOP 3 TASKS:

1: _____ ☐

2: _____ ☐

3: _____ ☐

DAILY AFFIRMATION:

OTHER TO-DOS:

_____ ○
_____ ○
_____ ○
_____ ○
_____ ○
_____ ○
_____ ○
_____ ○
_____ ○
_____ ○
_____ ○
_____ ○
_____ ○

NOTES:

DATE: ___ / ___ / 20___

TODAY'S #1 GOAL:

_____

TODAY'S TOP 3 TASKS:

1: _____ ☐

2: _____ ☐

3: _____ ☐

DAILY AFFIRMATION:

OTHER TO-DOS:

_____ ○
_____ ○
_____ ○
_____ ○
_____ ○
_____ ○
_____ ○
_____ ○
_____ ○
_____ ○
_____ ○
_____ ○

NOTES:

DATE: ___ / ___ / 20___

TODAY'S #1 GOAL:

_____

TODAY'S TOP 3 TASKS:

1: _____ ☐

2: _____ ☐

3: _____ ☐

DAILY AFFIRMATION:

OTHER TO-DOS:

_____ ◯
_____ ◯
_____ ◯
_____ ◯
_____ ◯
_____ ◯
_____ ◯
_____ ◯
_____ ◯
_____ ◯
_____ ◯
_____ ◯
_____ ◯

NOTES:

TODAY'S #1 GOAL:

_____

TODAY'S TOP 3 TASKS:

1: _____ ☐

2: _____ ☐

3: _____ ☐

DAILY AFFIRMATION:

OTHER TO-DOS:

_____ ○
_____ ○
_____ ○
_____ ○
_____ ○
_____ ○
_____ ○
_____ ○
_____ ○
_____ ○
_____ ○
_____ ○
_____ ○

NOTES:

DATE: ___ / ___ / 20___

TODAY'S #1 GOAL:

_____

TODAY'S TOP 3 TASKS:

1: _____ ☐

2: _____ ☐

3: _____ ☐

DAILY AFFIRMATION:

OTHER TO-DOS:

_____ ○
_____ ○
_____ ○
_____ ○
_____ ○
_____ ○
_____ ○
_____ ○
_____ ○
_____ ○
_____ ○
_____ ○

NOTES: